COMO INVESTIR EM IMÓVEIS? UM GUIA ABSOLUTO PARA GERENCIAR SEUS ATIVOS REIT

Contente

3

4

ANTES
Definição de investimento imobiliário

Ao usar imóveis como veículo de investimento, o investimento imobiliário gera benefícios de várias maneiras. Métodos simples de conseguir isso incluem possuir imóveis, gerar fluxo de caixa com renda de aluguel e vender o negócio por dinheiro adicional devido à valorização do valor.

Quando bem feito, o investimento imobiliário tem o potencial de superar o mercado de ações e criar riqueza que dura por gerações. Existem quatro maneiras principais de ganhar dinheiro possuindo imóveis. Isso inclui dividendos de participações acionárias em fundos de investimento imobiliário

(REITs), receita de aluguel, ganhos de capital, ganhos de capital incrementais, etc.

• Os investidores imobiliários usam várias estratégias para ganhar dinheiro com investimentos imobiliários.

• Exemplos de investimentos imobiliários incluem vendas de casas, aluguéis, propriedade de ações REIT, renda secundária, plataformas imobiliárias na Internet, etc.

• O setor imobiliário pode criar riqueza por gerações, embora seja difícil estimar a verdadeira taxa média histórica de retorno para os investidores imobiliários.

• Investir em imóveis oferece muitos benefícios, incluindo renda passiva de aluguel, valorização imobiliária, alavancagem de investimento e tratamento tributário favorável.

Por que investir em imóveis?

As razões para investir em imóveis Investir em imóveis pode potencialmente colocar muito dinheiro em sua conta bancária, mas também traz riscos potenciais e requer uma consideração cuidadosa. Esses são alguns dos principais motivos para investir em imóveis. (Lembre-se de que nem a valorização nem o fluxo de caixa são certos. Para aumentar suas chances de ganhar, você precisa pesquisar casas e comunidades.)

dinheiro comum

Possuir uma casa pode aumentar sua renda mensal. Se você está comprando um imóvel residencial ou comercial, pode alugar seu espaço para inquilinos. Você receberá seus pagamentos mensais de aluguel pelo correio. Mas esteja avisado: você precisa verificar seus contracheques se quiser reduzir o risco de seus inquilinos pagarem aluguel.

grandes retornos

Se sua propriedade aumentar de valor com o tempo, você poderá vendê-la com um lucro significativo. No entanto, tenha em mente que a aceitação não é um dado. Para obter retornos tão altos, você precisa investir no tipo certo de imóvel.

. Estabilidade de longa duração

Como o imóvel é um investimento de longo prazo, você pode mantê-lo por vários anos até que seu valor aumente. Se você alugar sua casa, poderá obter uma renda mensal enquanto espera que o valor suba.

diversificação

Sua diversificação financeira é potencializada pela inclusão de imóveis, o que ajuda a protegê-lo das oscilações do mercado. Suponha que uma crise econômica atinja algumas ações. O valor de sua carteira de investimentos imobiliários pode aumentar, protegendo-o contra perdas de seus outros ativos.

Apelo financeiro

Se você está investindo em imóveis, provavelmente não tem dinheiro para comprar uma casa. Levando em consideração o fato de que você deseja alugar uma casa unifamiliar, o preço pode chegar a US $ 200.000. A alavancagem desempenha um papel aqui. Alavancagem imobiliária é a compra de imóveis com a ajuda do dinheiro de outra pessoa. Nesse cenário, você pegaria dinheiro emprestado de um banco, empresa hipotecária ou cooperativa de crédito e pagaria de volta ao longo do tempo. Desta forma, você pode aumentar o número de suas propriedades sem ter que pagar o preço total.

prevenção deflacionária

Os investimentos imobiliários são considerados uma proteção contra a inflação. Os aluguéis e os preços dos imóveis geralmente aumentam à medida que aumentam os gastos com bens e serviços. Como resultado, os investimentos imobiliários podem fornecer a você uma renda mensal crescente e ganhos de capital que ajudam a proteger suas finanças à medida que o custo de todo o resto aumenta.

Capacidade de levantar capital

Aumentar seu fluxo de caixa, muitas vezes chamado de capital de construção, é um dos principais objetivos do investimento imobiliário. Quando você vende uma propriedade que se valorizou, seu patrimônio líquido aumenta. O truque é claramente fazer os investimentos certos em propriedades que valorizam.

controle e satisfação

Possuir propriedade para investimento traz benefícios não financeiros adicionais. Muitos investidores se beneficiam por serem seus próprios patrões, o que é possível quando possuem propriedades para investimento. Outras maneiras de melhorar sua comunidade incluem fornecer moradias para aluguel ou atrair empresas para locais comerciais que fornecem serviços muito necessários para as áreas vizinhas.

As três principais categorias de imóveis são:

1. Residencial: Prédios com um a quatro apartamentos. Os investidores familiares escolhem esse tipo de investimento imobiliário porque é o mais regulamentado e o mais popular.
2. Imóveis Comerciais: Esta ampla classificação inclui escritórios, varejo, industriais, multifamiliares (5+ unidades) e outros tipos de imóveis comerciais.
3. Terrenos – Sejam totalmente devolutos, parcialmente construídos ou usados para agricultura, os terrenos podem ser um investimento muito atrativo, mas possuem características próprias e requerem um entendimento especial.

Todo investidor SMART deve definir metas imobiliárias.
Quais são os objetivos SMART no setor imobiliário?
Você sabia que empresas com metas claramente definidas são dez vezes mais bem-sucedidas do que aquelas sem? De acordo com um estudo recente da Harvard Business University, 83% das pessoas não estabelecem metas e, entre as que o fazem, 92% não as alcançam. Primeiro, por que tão poucas pessoas estabelecem metas? Em segundo lugar, por que as pessoas mais bem-sucedidas não atingem esses objetivos? A resposta é simples: a maioria das pessoas não estabelece metas razoáveis.

- Específico

- Mensurável

- Acessível

- Importante

- limitado no tempo

Você pode usar a sigla SMART para orientar o processo de definição de metas para o seu negócio imobiliário.

- Metas de negócios: uma organização pode ter metas que vão desde a geração de leads até o crescimento da equipe. Por exemplo, uma meta de negócios pode ser obter 10% a mais de seguidores nas mídias sociais nos próximos seis meses. A publicidade paga na web e o boca a boca podem ser usados para esse fim. Como meta de negócios para negócios de investimento, três contratos de atacado podem ser concluídos em um ano. Sua empresa ditará exatamente por onde começar.

• Definir metas pessoais é uma ótima maneira de garantir que seu crescimento corresponda ao de sua empresa de investimento. Os objetivos pessoais geralmente incluem ler um livro por mês durante um ano ou ouvir um podcast de investimento por semana. As metas pessoais podem ajudá-lo a construir novos relacionamentos, expandir suas responsabilidades diárias e desenvolver suas habilidades.

• Objetivos da Família: Reservar tempo para a família ou

amigos é importante, pois os investidores se concentram em objetivos SMART para seu desenvolvimento profissional e pessoal. Um bom exemplo de meta familiar é definir um dia semanal sem ligações para passar mais tempo com os entes queridos. Da mesma forma, muitos investidores podem optar por tirar uma folga nas férias ou planejar um passeio em família. Lembre-se de que esses objetivos podem ser essenciais para promover o equilíbrio na construção de um negócio imobiliário de sucesso.

Como fazer investimentos imobiliários sábios?

- técnicas comerciais

- Corrija e retorne. Encontrar casas que precisam de reparos, fazer os reparos necessários e revendê-las a preços altos para obter lucro é conhecido como o método "consertar e virar".
- Isso inclui atacado, roubo, depois aluguel, depois aluguel, investimentos BRRRR, arrendamentos de curto prazo, arrendamentos de longo prazo e habitação atual: categoria de aluguel.

Qual tática imobiliária é a mais lucrativa?

Reconhecimento

A valorização imobiliária, um aumento no valor da propriedade que é levado em conta quando é vendido, é o método mais comum de ganhar dinheiro no setor. Os fatores mais importantes que afetam o valor das propriedades residenciais e comerciais são localização, desenvolvimento e valorização.

Como avaliar a tolerância ao risco?

Os investidores são frequentemente pesquisados para determinar sua tolerância ao risco. Isso pode incluir a avaliação de seu horizonte de tempo, recursos disponíveis e necessidades de receita, bem como seu nível de conforto com a volatilidade contínua do mercado e a manutenção de seus investimentos durante uma desaceleração do mercado.

O que significa tolerância ao risco imobiliário?

O nível ou tipo de risco que um investidor pode ou está disposto a aceitar. Por exemplo, as compras de imóveis podem ser bastante lucrativas. A propriedade pode ser melhorada por um investidor que pode revendê-la por muito mais dinheiro.

Como analisar os riscos no setor imobiliário?

Os riscos envolvidos variam de acordo com os detalhes do projeto e da propriedade envolvida. A análise de risco imobiliário pode ser realizada usando várias técnicas, como análise de equilíbrio, análise quantitativa e análise de índice financeiro.

Você conhece bem o mercado imobiliário?

- Análise do mercado imobiliário: 6 passos em detalhe
- Examine as estruturas e a qualidade da comunidade.

- Obtenha avaliações imobiliárias locais.
- Escolha valores comparativos para sua pesquisa de mercado imobiliário.
- Encontre o preço de tabela médio para propriedades semelhantes.
- Ajuste seus benchmarks para refinar sua análise de mercado.

Que aspecto de uma propriedade é mais importante?

As considerações mais importantes ao investir em imóveis

A máxima "localização, localização, localização" ainda é válida e continua sendo o elemento mais importante de um investimento imobiliário de sucesso.

Como fazer um estudo do mercado imobiliário local?

Como fazer uma análise do mercado imobiliário

- Etapa 1: escolha um bairro ou local específico.
- Passo 2: Examine seus rivais.
- Etapa 3: encontre os bairros desejados.
- Passo 4: Verifique os aspectos físicos da área ou propriedade.
- Etapa 5: Avalie o desempenho do osciloscópio.

Como estão as condições do mercado imobiliário local?

Em suma, quando há mais casas à venda do que compradores em potencial, os preços das casas caem. Quando há menos propriedades disponíveis do que potenciais compradores, os preços das propriedades sobem. Quando há quase tantas casas à venda quanto compradores, diz-se que o mercado está equilibrado.

Como avaliar um mercado de bairro?

Um estudo de marketing aprofundado deve responder às seguintes perguntas:

Quem são meus clientes em potencial?

Quais são os hábitos de compra dos meus clientes?

Qual é o tamanho do meu mercado-alvo?

Qual faixa de preço os clientes aceitarão para minha oferta?

Quem são meus principais concorrentes?

Quais são as vantagens e desvantagens dos meus concorrentes?

Opções de financiamento para um investimento imobiliário

O dinheiro é usado para financiar sua casa.

A primeira opção é pagar o custo total do imóvel à vista. Claro, para conseguir isso, você deve ter o equipamento necessário. Prós: como o vendedor não precisa se preocupar com o financiamento com pagamento adiantado integral, suas chances de uma compra de casa bem-sucedida aumentam. Em troca da conveniência oferecida pelo dinheiro, comprar à vista permite que você compre imóveis com descontos significativos. Os clientes que pagam em dinheiro também evitam os altos juros associados a empréstimos convencionais, depósitos a prazo ou empréstimos pessoais.

Desvantagens: Nesta situação, a relação risco/recompensa é importante. Os pagamentos em dinheiro são mais seguros e conservadores, mas há um limite de quanto você pode ganhar. Pense desta forma: se você gastar $ 250.000 em dinheiro e alugar a propriedade por $ 2.000 por mês, obterá $ 24.000 em vendas brutas por ano ou um ROI bruto de 9,6%. Alternativamente, se você depositar $ 50.000 e pegar um empréstimo de 30 anos a 5%, seu pagamento mensal de principal e juros seria de $ 977.

Você pode contratar um credor pessoal para financiar sua propriedade.

Os credores que operam independentemente das instituições financeiras são chamados de pessoas físicas. Ao emprestar a pessoas que aumentam o valor de suas propriedades de investimento, elas geralmente obtêm lucro.

Pró: Em comparação com as instituições estabelecidas, os credores privados costumam ser muito mais flexíveis sobre a quem emprestar dinheiro e com que rapidez eles podem emprestar. Eles podem se beneficiar de várias maneiras se acharem que você é um bom investimento. Isso pode ser ótimo se você não atender ao perfil de hipoteca padrão (por exemplo, se sua pontuação de crédito for baixa).

Empréstimos de prazo fixo podem ser usados para financiar sua propriedade.

Alguns mutuários lidam com credores privados dessa maneira. Isso é chamado de "empréstimo forte" porque é garantido por ativos tangíveis, neste caso imóveis. Este empréstimo é um tipo de empréstimo provisório, um acordo de curto prazo que fornece dinheiro até que a casa possa ser vendida ou uma fonte de financiamento mais confiável seja encontrada.

Obtenha financiamento bancário padrão para sua casa.

Aqui está o tipo de financiamento mais comum. Nesse caso, uma instituição financeira dá dinheiro ao mutuário com base em seu histórico de crédito e em sua capacidade de pagar o empréstimo.

Prós: embora as taxas de juros dos empréstimos imobiliários sejam mais altas do que nas hipotecas de residência principal, o uso dessa opção geralmente resulta em taxas de juros mais baixas do que o uso de um credor privado. Além disso, conforme mencionado acima, o financiamento por meio de um banco pode maximizar seu retorno potencial com base na quantidade de dinheiro disponível para um adiantamento.

Contras: O risco é um dos possíveis problemas. Pagar uma hipoteca enquanto um imóvel alugado está vago pode reduzir significativamente sua renda. Os mutuários podem ter apenas um número limitado de hipotecas tradicionais abertas por vez, e os bancos têm critérios de empréstimo muito mais rígidos e um processo de aprovação muito mais longo do que os credores privados.

Prova de que você deve comprar propriedades para investimento

Você está em boa situação financeira.

Especialmente se você deseja alugar a propriedade para inquilinos, os investimentos imobiliários exigem um nível muito maior de estabilidade financeira do que as residências particulares. Para propriedades de investimento, a maioria dos credores hipotecários exige que os mutuários façam um adiantamento de pelo menos 15% do preço de compra. No entanto, ao comprar sua primeira casa, isso geralmente não é necessário. Vários estados também exigem que os proprietários de propriedades de investimento obtenham a aprovação de seu inspetor residencial antes de alugar sua propriedade, bem como um adiantamento mais alto.

Certifique-se de ter dinheiro suficiente em seu orçamento para cobrir as despesas iniciais de uma compra de propriedade (por exemplo, adiantamento, taxas de inspeção e custos de fechamento), bem como os custos contínuos de manutenção e reparo. Como proprietário ou proprietário de um imóvel alugado, você precisa fazer os reparos necessários rapidamente, o que pode exigir reparos de emergência caros em seus sistemas de encanamento e aquecimento. Em muitos lugares, os inquilinos têm o direito de reter o pagamento do aluguel se os serviços públicos defeituosos não forem corrigidos rapidamente.

Há um retorno sobre o investimento, ou ROI para abreviar.

Os investidores imobiliários geralmente veem um fluxo de caixa positivo de seus investimentos no mercado atual, mas os melhores investidores calculam o retorno esperado do investimento (ROI) antes de fazer uma compra. Siga estas etapas para calcular seu ROI em possíveis investimentos imobiliários.

Determine sua renda anual de aluguel. Pesquise casas semelhantes para alugar. Multiplique o aluguel mensal típico para o tipo de moradia em que você está interessado por 12 para obter o custo de um ano.

Descubra qual é a sua receita operacional líquida. Depois de calcular sua receita anual potencial de aluguel, determine sua receita operacional líquida. Sua receita operacional líquida é o aluguel anual estimado menos as despesas operacionais. Todos os seus custos operacionais estão incluídos nos custos anuais de manutenção de sua propriedade. Os custos incluem taxas de cidadão, seguro e impostos sobre a propriedade. Exclua hipoteca ou juros ao determinar as despesas operacionais líquidas. Subtraia suas despesas operacionais de seu aluguel anual projetado para obter sua receita operacional líquida.

Analise seu retorno sobre o investimento. Subtraia sua receita operacional líquida de sua hipoteca total para obter seu retorno total (ROI).

UMA ANÁLISE DO MERCADO IMOBILIÁRIO EM DUAS ETAPAS PRINCIPAIS

Primeira triagem na Fase 1

Para chamar sua atenção para as áreas mais promissoras, o exame inicial de uma pesquisa de mercado imobiliário visa filtrar rapidamente os mercados inadequados. Depois de fazer alguns, esta etapa pode ser concluída em apenas 10 minutos. Reduzi minha seleção inicial para este exercício a três "quebra-cordas".

recursos de dados

A pessoa que está vendendo a propriedade deve fornecer contas prontas detalhando a renda do aluguel e o fluxo de caixa líquido após as despesas. Você pode usar Zillow.com para pesquisar custos de moradia e aluguéis na área que deseja comprar para verificar se as informações estão corretas. Verifique a precisão dos números do fornecedor.

Gestão de propriedade eficaz

Em geral, eu recomendo que os investidores encontrem pelo menos dois gerentes de propriedade de boa reputação em cada mercado, porque a má administração da propriedade é a causa número um de um investimento imobiliário fracassado. Dessa forma, você saberá ao que recorrer se, por algum motivo, o primeiro passo não funcionar.

Em vez de ser uma pequena empresa familiar operando em casa, a empresa de administração de imóveis deve ser uma empresa respeitável. É preciso haver um "grupo forte" de gerentes, agentes de locação, comerciantes, etc. para garantir que o serviço não seja afetado por absenteísmo ou rotatividade de pessoal.

Ao contratar duas empresas de gerenciamento de propriedades de classe mundial, pequenas áreas metropolitanas podem realmente ser salvas. Em uma área metropolitana com menos de 100.000 residentes, encontrar uma empresa de administração de imóveis de boa reputação, quanto mais duas, é um desafio.

recursos de dados

Você deve procurar o gerente de propriedade recomendado pelo proprietário para ver se é adequado para você. Você pode: Encontrar um segundo gerente de propriedade (alternativo):

Verifique as avaliações pesquisando "gerenciamento de propriedade" e "nome da cidade" no Yelp.com. Concentre-se nas avaliações do proprietário em vez de locatários irritados. Visite Meetup.com e procure por grupos locais de investimento imobiliário onde a propriedade está localizada. Envie um pedido de patrocínio por e-mail ao organizador do encontro.

O que significa "due diligence" em um contexto imobiliário?

Simplificando, a devida diligência envolve a coleta de informações sobre a condição física, financeira e geográfica da propriedade. A frase "faça sua lição de casa" antes de licitar e depois que seu contrato for aprovado é uma ótima maneira de descrever a devida diligência.

O que é due diligence para um vendedor?

Ao conduzir sua própria pesquisa na frente do comprador, um vendedor pode identificar mais facilmente o que sente que precisa ser resolvido, corrigido ou abordado e tem tempo suficiente para abordar essas preocupações da maneira mais eficaz possível. . Em outras palavras, o dealer pode decidir e controlar quais cartas foram distribuídas.

Quais são as implicações fiscais dos investimentos imobiliários?

A depreciação é uma despesa dedutível de impostos para investidores imobiliários que possuem propriedades de aluguel geradoras de renda. Como resultado, é provável que você tenha uma carga tributária menor e uma renda tributável menor.

Como posso evitar o pagamento de impostos sobre o meu imóvel alugado?

Você pode evitar o pagamento desse imposto usando a taxa de imposto ou uma troca 1031 diferida. Como alternativa, você pode investir por meio de uma conta de aposentadoria ou transformar sua casa alugada em sua residência permanente. Para evitar perder dinheiro após um investimento imobiliário , não se esqueça de fazer sempre um seguro do seu imóvel.

O que é considerado propriedade para investimento aos olhos do IRS?

Em geral, um imóvel é considerado um investimento quando é adquirido com fins lucrativos e não para sua residência pessoal e de sua família.

É crucial que você escolha a estratégia de saída que funciona melhor para você ao investir em imóveis, pois há várias opções a serem consideradas.

Sua escolha é influenciada por uma série de variáveis, incluindo:

- Seu status de acionista
- Sua proteção do serviço da dívida
- Suas metas de investimento de curto prazo
- Seus objetivos financeiros de longo prazo
- Sua capacidade de assumir riscos como um investimento.

Defina suas metas, eduque-se, escolha uma estratégia de investimento, crie um plano financeiro, obtenha financiamento, avalie propriedades, entenda a alocação de ativos e escolha a gestão de propriedades como o primeiro passo na construção de um portfólio imobiliário.

Construir uma equipe forte, buscar valor, expandir para novas áreas, otimizar a gestão imobiliária e considerar parcerias e sindicatos são algumas dicas para aumentar seu portfólio de propriedades.

Como iniciar sua carteira de imóveis

O objetivo de um portfólio imobiliário é usar vários ativos imobiliários juntos para atingir um objetivo financeiro. Os investidores imobiliários devem entender completamente todos os aspectos do investimento imobiliário antes de construir um portfólio imobiliário, embora possa ser benéfico.

Siga estas etapas para começar a criar seu portfólio imobiliário:

Organize suas metas.
O estabelecimento de metas é o primeiro passo para iniciar um negócio de sucesso. Seus objetivos pessoais, financeiros e de investimento são importantes e influenciarão o caminho que você seguirá. Você pode criar um plano para atingir seus objetivos e tomar decisões financeiras informadas, definindo metas claras. Este plano será essencial na gestão da expansão da sua carteira imobiliária.

Escolha uma estratégia de gastos.
Uma vez familiarizado com o mercado imobiliário, você pode começar a pensar no tipo de

estratégia de investimento imobiliário que deseja usar. Cabe a você decidir se deseja investir em imóveis residenciais, imóveis comerciais ou uma combinação desses três tipos de imóveis. Considere se você deseja se concentrar em investir em propriedades de aluguel para gerar renda ou buscar oportunidades de reparo e investimento. Essas decisões afetarão o restante da construção do seu portfólio.

Considerando casas

Você deve iniciar sua pesquisa de imóveis depois de pesquisar suas opções de financiamento e encontrar uma solução. Você deve começar com uma extensa pesquisa de mercado para identificar bairros e casas que atendam aos seus objetivos. Você pode então avaliar cada propriedade e, em seguida, realizar sua devida diligência. A chave é escolher propriedades que apoiem sua estratégia de investimento imobiliário e permitam que você alcance seus objetivos financeiros.

Por exemplo, digamos que seu objetivo seja construir um portfólio diversificado que inclua propriedades para aluguel e para reforma que você pode alugar. Você pode querer começar a procurar uma unidade de aluguel com inquilinos confiáveis de longo prazo antes de iniciar qualquer reparo e reforma para que possa colocá-la em funcionamento.

Como reduzir o risco de investir em imóveis?

Você pode reduzir seu risco diversificando seus investimentos imobiliários. Por exemplo, se todas as suas propriedades estiverem localizadas em uma área propensa a desastres naturais ou alta volatilidade do mercado, todo o seu portfólio será destruído de uma só vez. Descubra os diferentes estados e lugares onde investir faz sentido.

Quais são os perigos de investir em imóveis?

Embora investir em imóveis possa ser lucrativo, é importante estar ciente das armadilhas. Os principais riscos incluem localizações ruins, fluxo de caixa insuficiente, altas taxas de vacância e inquilinos problemáticos. A imprevisibilidade do mercado imobiliário, os problemas estruturais latentes e a falta de liquidez são outros perigos a ter em conta.

Aproveite a leitura